BEI GRIN MACHT SICH IHR WISSEN BEZAHLT

- Wir veröffentlichen Ihre Hausarbeit, Bachelor- und Masterarbeit

- Ihr eigenes eBook und Buch - weltweit in allen wichtigen Shops

- Verdienen Sie an jedem Verkauf

Jetzt bei www.GRIN.com hochladen und kostenlos publizieren

Laurence Thomm

Ratingagenturen und ihr Einfluss auf die Weltwirtschaft

Ein zukunftsfähiges Modell?

GRIN Verlag

Bibliografische Information der Deutschen Nationalbibliothek:

Die Deutsche Bibliothek verzeichnet diese Publikation in der Deutschen National-
bibliografie; detaillierte bibliografische Daten sind im Internet über http://dnb.d-
nb.de/ abrufbar.

Impressum:

Copyright © 2013 GRIN Verlag, Open Publishing GmbH
Druck und Bindung: Books on Demand GmbH, Norderstedt Germany
ISBN: 978-3-656-64649-5

Dieses Buch bei GRIN:

http://www.grin.com/de/e-book/272569/ratingagenturen-und-ihr-einfluss-auf-die-
weltwirtschaft

GRIN - Your knowledge has value

Der GRIN Verlag publiziert seit 1998 wissenschaftliche Arbeiten von Studenten, Hochschullehrern und anderen Akademikern als eBook und gedrucktes Buch. Die Verlagswebsite www.grin.com ist die ideale Plattform zur Veröffentlichung von Hausarbeiten, Abschlussarbeiten, wissenschaftlichen Aufsätzen, Dissertationen und Fachbüchern.

Besuchen Sie uns im Internet:

http://www.grin.com/

http://www.facebook.com/grincom

http://www.twitter.com/grin_com

Ratingagenturen und ihr Einfluss auf die Weltwirtschaft –
Ein zukunftsfähiges Modell?

FACHARBEIT SOWI
LAURENCE THOMM

Inhaltsverzeichnis

1. Vorwort

„Die Analysten der Ratingagenturen bringen Staaten in Finanznot und lassen weltweit die Börsen erzittern" (Wirtschaftswoche). Sind Ratingagenturen die mächtigsten Unternehmen unseres Wirtschaftssystems?

Ein Rating verursacht Unruhe und Sicherheit, lässt Staaten ins Zittern geraten und Börsianer frohlocken. Eine kleine Abstufung kann in der Wirtschaft eine große Panik auslösen und lässt Investoren Zurückhaltung üben. Umgekehrt kann ein positives Rating zu Mut und Investitionsbereitschaft und damit verbunden zu mehr Arbeitsplätzen führen. Die Frage, die sich aufwirft lautet: Ist das alles noch gesund und besteht nicht die Gefahr, dass einflussreiche Unternehmen oder Staaten Druck auf die Agenturen ausüben, um sich selbst durch Schwächung der anderen einen Vorteil zu verschaffen? Sollte es nicht vielmehr auch europäische Ratingagenturen geben, um ein Korrektiv zu den amerikanischen zu etablieren?

In den letzten Jahrzehnten gerieten die Ratingagenturen zunehmend in öffentliche Kritik. Im Jahre 2002 durch den Wirtschaftsskandal Enron und vor allem seit der Suprime-Krise 2007, welche zur Finanzkrise führte, diskutieren Regierungen und Wertpapieraufsichtsbehörden wie bspw. die SEC[1] über notwendige regulatorische Veränderungen des Ratingmarktes.

So habe ich mich persönlich auch gefragt: „Warum können drei so kleine Buchstaben Einfluss darauf haben, ob in Irland jemand auf der Straße lebt oder noch seinen Job bei Ryan Air als Pilot ausüben kann?". Oder ist diese Macht nur Schein? Für mich persönlich wirft der Begriff *Ratingagentur* eine Menge Fragen auf. Mit dieser Facharbeit werde ich einigen dieser Fragen nachgehen und sie genauer beleuchten. Dabei werde ich versuchen, Neutralität zu wahren.

Der Aufbau der Facharbeit weist eine klare Struktur auf. Im ersten Teil werde ich mich mit dem Begriff *Ratingagentur* genauer beschäftigen. Dabei wird das Rating der Agenturen angerissen sowie die genauen Aufgaben der „Big Three" vorgestellt. Dieser erste Teil soll auch Lesern, welche noch nicht so vertraut mit Thema sind, die Chance geben die etwas komplexen Sachverhalte zu verstehen. Die historische Entwicklung der „vermeintlichen Weltmacht" darf dabei natürlich nicht fehlen.
Wie der Titel schon sagt, befasst sich der Hauptteil meiner Facharbeit mit dem Einfluss der Ratingagenturen und versucht die Auswirkungen eines Ratings sowie deren Macht auf dem Markt und die Verwendung dieser, in Bezug auf die Weltwirtschafts-Krise oder anderen aktuellen Ereignissen, kritisch zu hinterfragen. Dabei wird die Bedeutsamkeit der Ratingagenturen in unserer globalen Welt nicht außer Acht gelassen. Außerdem beschäftigt sich

---

[1] Die SEC (United States Securities and Exchange Commission) ist die US-Börsenaufsichtsbehörde für die Kontrolle des Wertpapierhandels. Sie wurde als Reaktion auf den Börsencrash 1929 gegründet und ist eine unabhängige Behörde der Vereinigten Staaten.

der Hauptteil damit, ob Interessenskonflikte zwischen Emittent[2] und Ratingagentur auftreten könnten. Hierbei wird der Leser auch über interessante Besitzverhältnisse der Agenturen stoßen und einiges über die aktuellen, schon getroffenen Regulierungen auf dem Markt erfahren.

Abschließend werde ich in meinem persönlichen Fazit meine eigene Meinung dem Leser kundtun und auf die Titelfrage: „Ein zukunftsfähiges Modell?" eingehen. Thematisieren werde ich dabei vor allem die Punkte Regulierung, Transparenz, Einfluss und Macht.

2. Ratingagenturen

Definition

Ratingagenturen (englisch. *Credit rating agency, CRA)* sind privatrechtlich organisierte, sowie gewinnorientiert agierende Unternehmen, welche mit Hilfe von Ratings, Aussagen über die Ausfallwahrscheinlichkeit von Finanztiteln[3] treffen, anhand vordefinierter Kriterien, die je nach Ratingagentur variieren. Mit Hilfe einer Analyse des jeweiligen Kreditrisikos bilden sie folglich eine Meinung über die Bonität des zu begutachtenden Finanztitels. Neben Anleihen von Staaten, Banken und Industrieunternehmen vergeben die Agenturen auch Ratings für Geldmarktpapiere und seit einigen Jahren auch für Investmentfonds/Krisenfonds (Bsp. ESM).[4]

Ratings

Grundlage für ein Rating ist meist der Auftrag eines Emittenten[5] bzw. Kreditnehmers. Die Ratingagenturen geben aber auch ihre Empfehlung unaufgefordert bei z.B. Staatsanleihen oder dem ESM ab. Dabei sammelt die Ratingagentur alle relevanten Daten des Instituts oder des Fonds und startet eine Basis-Analyse, welche sowohl qualitative und quantitative Faktoren berücksichtigt und prüft. Das Rating soll neutral, zukunftsorientiert und umfassend die Erfolgs- und Risikofaktoren der Unternehmen, Staaten oder Fonds bewerten. Diese Faktoren werden komplex beurteilt und zu einem einzigen Wert zusammengeführt. Die meisten Ratingverfahren basieren auf dem sog. Shareholder-Value- Ansatz oder auf der Kapitalmarktheorie, wo der zentrale Aspekt die Ausfallwahrscheinlichkeit ist. Die Ratings sind in der Regel für die Öffentlichkeit unentgeltlich auf der Homepage der Ratingagenturen zu finden. Mittels Ratings gelangen die getrichterten Informationen zu den Investoren, Staaten und

---

[2] Emittenten können Unternehmen, Banken, Staaten sowie andere öffentliche Körperschaften sein
[3] Finanztitel sind Anleihen sowie Bonds, festverzinsliche Wertpapiere und dienen zur Fremdfinanzierung für langfristiges Kapital
[4] Vgl. Gabler, 12. Auflage S. 1147 I http://www.rp-online.de/wirtschaft/was-sind-ratingagenturen-1.2205066 I http://de.wikipedia.org/wiki/Ratingagentur

Unternehmen, sodass Ratingagenturen zu Markttransparenz und Effizienz beitragen. Die Analysen mindern die Unsicherheiten und Unwissenheiten des Finanzsystems.[6]

Das Ratingurteil wird mit Buchstabencodes dargestellt, um das Ergebnis so übersichtlich zu gestalten wie nur möglich. Die drei größten Ratingagenturen Standard & Poors, Moodys und Fitch haben jedoch leicht verschiedene Varianten, wobei in den Skalen aber einheitlich die Bereiche *Investment grade* und *Speculative grade* gegliedert werden. Die Skala beginnt mit der Bestnote Triple A, welche Deutschland zum Beispiel regelmäßig erhält. Ab BB+ beginnt der spekulative Bereich, der auch unter der Bezeichnung „Ramsch" bekannt ist. Je schlechter die Bonität, desto unwahrscheinlicher ist es, dass jemand in den Finanztitel investiert und somit erschwert dies dem Schuldner die Suche nach frischem Kapital (Kredite).

Nachdem der Emittent der Ratingagentur den Auftrag gegeben hat, zum Beispiel das Unternehmen zu bewerten, damit Investoren dank dieses Ratings besser gelockt werden können, beginnt die Ratingagentur mit einem sogenannten Erstrating. Hierbei werden alle Grundlagen für das Rating gelegt und jegliche Informationen des Unternehmens einbezogen. Danach wird jährlich eine Rating-Update ermittelt. Hierbei ist hinzuzufügen, dass für dieses sogenannte Sekundär-Rating die Zustimmung des Unternehmens nicht notwendig ist und somit eine Herabstufung nicht zu verhindern ist. Dieses Folgerating ist eine Richtlinie des IOSCO[7] Code of Conduct[8], welche eine kontinuierliche Überwachung und Überprüfung des Ratings fordert. Da das Ratingverfahren und die Updates sehr aufwändig sind erhalten die Ratingagenturen regelmäßig Gebühren von den Emittenten. Ein Rating ist also mit sehr vielen Kosten für den Auftraggeber verbunden. Lediglich Staatsanleihen werden unentgeltlich bewertet.[9]

Historischer Hintergrund

Die Wurzeln des „Rating-Marktes" liegen in den USA. Hier bedienten sich Anleger schon seitMitte des 19. Jahrhunderts externen Informationen über meist Eisenbahnanleihen. Den Grundstein legte John Moody 1909 mit der „Analysis of Railroad Investments", wobei er die notwendigen Daten entgeltlich den Investoren zur Verfügung stellte. 1916 stieg die Poor's Publishing Company ins Geschäft ein, woraufhin die Standard Statistics Company 1922 und 1924 die Fitch Publishing Company folgten.
Traditionell übernahmen Banken die Aufgabe des Vermittlers zwischen Anleger und Kapitalnachfragern auf dem Finanzmarkt. Das Risiko der jeweiligen Anlage und der damit verbun-

---

[6] Vgl. http://wirtschaftslexikon.gabler.de/Definition/credit-rating.html I http://www.wendt-solutions.de/rating/rating_definition.htm I
http://www.handelswissen.de/data/themen/Finanzierung/Bankbeziehungen/Rating/Ratingverfahren-agenturen.php
[7] Internationale Organisation der Börsenaufsichtsbehörden hat ebenso wie die SEC, die Aufgabe der Überwachung der Ratingagenturen
[8] Siehe auch „Regulierungsmaßnahmen des Ratingmarktes" S. 11
[9] Vgl. http://finanzen.bloggemeinschaft.net/2011/04/26/wie-ratingagenturen-geldanlagen-bewerten-%E2%80%93-teil-2/

denen Kreditvergabe schätzten somit die Banken ein. Doch im Zuge der Globalisierung und der Internationalisierung der Finanzmärkte mussten Banken erhebliche Einbußen in diesem Markt als „Mittelsmann" machen, da sich alternative und risikoreichere Anlageformen entwickelten. Investoren legten ihr Geld lieber in Fonds oder Aktien an. Diese Entwicklung zwang die Banken auch risikofreudigere Investitionen zu tätigen, obwohl ihr altes Credo „größtmögliche Sicherheit" lautete. Dieser Wandel brachte die Banken aber in einen Interessenskonflikt zwischen diesem besagten Credo und dem Wandel zu mehr Risiko für mehr Profit. Das verunsicherte die Kunden, da sie davon ausgingen, dass die Banken schon im eigenen Interesse zu mehr Sicherheit und konservativen Anlageformen tendieren würden. Doch unter dem Druck des Marktes, war dies kaum noch möglich. So mussten externe Begutachter der Finanztitel her, womit die Ratingagenturen zum Zug kamen.

Die großen Drei

Der Ratingmarkt besteht aus einer oligopolistischen Marktstruktur (95% Marktanteile), welche vor allem durch die „Barriers to Entry" hervorgerufen wurde. Dies verhindert Preiswettkampf und soll für eine gewisse Qualität der zu verkaufenden Produkte sorgen.[10] Rudolph Hickel (deutscher Wirtschaftswissenschaftler, Finanzprofessor, bis 2009 Direktor des IAW): „Diese drei Ratingagenturen sind eine private Lizenz zum Geldscheffeln."[11]

- Standard and Poors

1941 fusionierten die Standard Statistics Company und die Poor's Publishing Company zu Standard & Poors. Seit 1966 ist S&P eine Tochtergesellschaft von McGraw-Hill. S & P dominiert den Weltmarkt mit über 40% Marktanteil. Der Finanzdienstleister erzielte 2011 einen Umsatz von 3,1 Mrd. US $. Bis zum Jahre 2010 hat S& P über 1.190.500 Ratings erstellt.[12]

- Moodys

Moodys lieferte als erste Agentur Ratings. Damals zu Eisenbahn-Anleihen gegen Bezahlung an Investoren. Daraufhin wurde 1914 die Firma *Moody's Investor Services* gegründet. Heutzutage gibt es auch noch den Geschäftszweig für Risikomanagement- Software, welcher unter der Tochtergesellschaft Moody's Analytics läuft. Beide Unternehmen gehören der Dachgesellschaft Moodys Corporatian an. Mit einem Marktanteil von rund 40% ist es die weltweit zweitgrößte Ratingagentur.

Bis 2009 besaß der berühmte Finanzinvestor Warren Buffet 48 Mio Aktien des Unterneh-

---

[10] Engelmann, S.7
[11] Hickel, S. 102, 17.02.12

[12] Vgl. http://www.zeit.de/2012/11/Ratingagenturen I Michel, S. 8/9, 14.01.09 I Stöckl, S.9 , 26.07.07

mens. Obwohl er seinen Anteil verringerte, ist er trotzdem noch der größte Anteilseigner Moodys mit 13%.[13]

- Fitch Ratings

Fitch Ratings ist mit einem Marktanteil von 15% die kleinste Ratingagentur unter den „drei Großen". Fitch fusionierte 1997 mit IBCA Limited und wurde anschließend von der französischen Holding Fimalac (60% Anteile) übernommen. Rund 2300 Beschäftigte leiten das erfolgreiche Geschäft dieser Agentur in über 50 Standorten weltweit.

3. Einfluss der Ratingagenturen

80 % des gesamten Weltkapitals werden von Ratingagenturen beeinflusst. Ist das noch gesund? Im Folgenden werde ich den Einfluss der Ratingagenturen erläutern und Beispiele heranziehen.

Die weltweiten Auswirkungen der US-Immobilienkrise haben das Misstrauen gegenüber den Banken, Fonds und vor allem den Ratingagenturen erheblich verstärkt. Amerikanische Banken haben angesichts steigender Immobilienpreise leichtfertig Hypotheken an Kunden vergeben, dessen Zahlungskraft höchst zweifelhaft war. Mit Hilfe von komplexen Finanzprodukten (grob: „ein Misch" aus Krediten mit hoher Bonität der Kunden und „faulen" Krediten) konnten die Banken diese Risiken jedoch an Zweite weiterverkaufen. Diese Papiere wurden allerdings viel zu lange, viel zu gut, von den Ratingagenturen bewertet. Die Folge daraus war, dass viele Banken und Fonds diese zweitklassigen Papiere erwarben, bis irgendwann die Blase platzte (Lehman Brothers war z.B. stark in diese Papiere verwickelt, was zum Bankrott führte). Nach dem extremen und künstlich in die Länge gezogenen Immobilienpreisboom folgte der Absturz der Immobilienpreise. Mit einem Schlag sank der Wert der Hauskredite rapide und die Kredite waren plötzlich doppelt so groß, wie die Immobilie eigentlich wert war. Die Folge war, dass die Schuldner diese Kredite nicht mehr bedienen konnten und somit die Banken an kein Geld mehr kamen. Diese Problematik setzte sich wie eine Kettenreaktion zu den Investoren in die zweitklassigen Hypotheken fort und ließ die spekulative Blase platzen. Als Ursachen hierfür werden die Niedrigzinspolitik der USA in den Vorjahren genannt, was erst die vielen Kredite ermöglichte, aber auch das Versagen und die Fehleinschätzungen der Ratingagenturen der sogenannten „Ramsch-Papiere". [14]

Politiker werfen den Ratingagenturen auch vor, die Bonität kriselnder Euro-Länder wie Griechenland trotz milliardenschwerer Hilfspakete auf Ramschstatus abgewertet zu haben und

---

[13] http://de.wikipedia.org/wiki/Moody%E2%80%99s#cite_note-7 I http://www.moodys.com/Pages/atc.aspx
[14] Tagesschau.de – 05.02.13: „Die Ratingagentur Standard & Poor's stellt sich wegen der Vergabe von umstrittenen Bonitätsnoten im Zuge der Finanzkrise auf ein Gerichtsverfahren in den Vereinigten Staaten ein. Das US-Justizministerium reichte in Los Angeles eine Klage ein - die sich gegen Bewertungen verschiedener Wertpapiere durch Standard & Poor's im Jahr 2007 richtet, die sich im Rückblick als zu positiv erwiesen hatten. Standard & Poor's drohen im Fall einer Verurteilung Strafzahlungen in Milliardenhöhe."

damit die Krise verschärft zu haben. Seitdem stehen Ratingagenturen erheblich in der Kritik. Diese weisen sie aber entschieden ab mit der Begründung, sie haben nur eine Meinung vertreten und keine Kaufempfehlung abgegeben.[15]

Folgen eines Ratings

Wie schon im Verlauf der Facharbeit angedeutet, gilt die Faustregel: „Je besser die Bonität, desto günstiger das Zinsniveau, zu dem ein Land oder Unternehmen einen Kredit aufnehmen kann". Ausnahmen gibt es trotzdem an dem Beispiel der USA. Auch wenn S&P die USA im Sommer 2011 vom Triple A herabstufte und der Schuldenberg extrem hoch ist, haben sie keinerlei Probleme günstig Mittel einzusammeln. Die USA gilt als sicherer Hafen, was auch der Leitwährung Dollar zu verdanken ist.[16]

Eine Herabstufung Deutschlands würde zum Beispiel erhebliche Folgen auf ganz Europa haben.[17] Für die ersten ESM-Papiere auf dem Markt zahlten Anleger sogar drauf, weil diese Papiere als so sicher galten. Inzwischen liegt die Rendite für ESM-Papiere bei 0,0158% (Stand: Februar 2013). Sinkt aber die Bonität von Deutschland, welches mit 27,1464 % den größten Anteil am ESM stemmt, wäre auch das Triple A des ESM erheblich in Gefahr und somit ganz Europa. Denn wenn der ESM finanziell wage da steht, kann er nicht mehr so leicht die kriselnden Länder, wie Portugal oder Griechenland, mit frischem Geld bedienen. Das würde wiederum noch mehr Arbeitslosigkeit und Rezession für die Wirtschaft bedeuten, was sich auch wieder auf Deutschlands Export auswirken würde. Ein Rating könnte somit über verschieden Brücken darüber entscheiden, ob ein Familienvater noch bei Opel in Bochum arbeitet oder um sein Existenzminimum kämpfen muss. Frederic Drevon, Ratingchef für Europa bei der Agentur Moody's, spielte die Rolle der Ratingagenturen herunter: Seine Firma sei "nur ein Beobachter, der seine Meinung zum Markt ins Unbekannte schickt".[18]

Wie kam es zu dieser Macht?

Diesen extremen Einfluss mit quasi einem Alleinstellungsmerkmal verdanken sie zu großen Teilen der amerikanischen Finanzmarktregulierung. Die Empfehlung/Vorschrift aus den dreißiger Jahren der SEC an die Banken, ausschließlich Wertpapiere zu halten, die Rating-Agenturen mit Bestnoten versah, war der ausschlaggebende Punkt, warum Ratingagenturen

---

[15] http://www.n-tv.de/wirtschaft/Die-Macht-der-Ratingagenturen-article3996036.html I Rosenbaum, S.11, 05.01.12

[16] http://www.wz-newsline.de/home/wirtschaft/finanzmaerkte/das-rating-und-seine-folgen-1.839318

[17] In letzter Zeit war eine drohende Herabstufung Deutschlands immer wieder Thema

[18] http://www.focus.de/finanzen/news/staatsverschuldung/tid-26665/drohende-herabstufung-von-deutschland-und-dem-efsf-europa-muss-endlich-die-macht-der-grossen-drei-brechen_aid_787344.html I http://www.handelsblatt.com/economy-business-und-finance-euro-rettungschirm-esm-muss-anlegern-erstmals-rendite-bieten/7738486.html I http://www.bundesfinanzministerium.de/Content/DE/FAQ/2012-08-16-esm-faq.html

heute so wichtig sind. „Spätestens ab 1975 kam dann keine Firma, Gemeinde oder Staat an den *Big Three* vorbei: Die SEC ernannte sie zu *national anerkannten statistischen Rating-Organisationen*[19]. [Von diesem Punkt an] waren fast nur noch solche Wertpapiere für Investoren interessant, die eine Note von S&P, Moody's oder Fitch hatten."[20] Darauf folgten Fonds und andere Finanztitel, die nur noch mindestens mit der Note A gekauft werden sollten. Ratingagenturen wurden somit zu einer Art Gütesiegel und Finanztitel ohne Rating wurden immer unbeliebter.

Mit der Einführung von Basel II[21] wurden auch in Europa Ratingagenturen immer bedeutender. Basel II legt fest, dass die Eigenkapitalanforderungen im Kreditgeschäft der Banken am Rating zu orientieren sind. Wenn also Institute viele gute Papiere in ihrem Depot haben, müssen sie deutlich weniger Geld hinterlegen. Somit war es die Politik, welche sich heute über die Machtverhältnisse beklagt, die Ratingagenturen erst in so eine Position gebracht hat.

Ist die Macht der Agenturen doch nur ein Mythos?

Wie im Verlauf der Facharbeit schon häufig erwähnt scheint die Macht der Ratingagenturen ins Unermessliche zu gehen. „Ratingagenturen seien mächtiger als Staaten." Doch bevor man das zu einseitig sieht, sollte man zwischen Marktmacht und politischer Macht unterscheiden.

Politische Macht ist den Ratingagenturen auf jeden Fall zugesichert. Doch sie ist auch nur „geliehen". Fast jeder beklagt sich über die Macht der Ratingagenturen. Dadurch verstärkt sich die Macht der Agenturen noch einmal. Außerdem sichern die Politiker und öffentlichen Institute den Einfluss der Ratingagenturen zu. Niemand zwingt sie dazu, es festzuschreiben, dass man sich an den Ratings orientieren muss. Sie tun es trotzdem. So zum Beispiel die EZB: Sie macht die Hinterlegung von Sicherheiten für Bargeld vom Rating der privaten US-Amerikanischen Agenturen abhängig.

Viele Akteure am Aktienmarkt neigen immer noch dazu, auf Ratings mit hektischen Verkäufen zu reagieren. Doch es gibt mittlerweile auch Beobachter, die diese lethargischen Schwankungen nur noch ignorieren. So zum Beispiel die Akteure auf dem Anleihen und Devisenmarkt, die trotz der ständigen Herabstufungen auf den Euro zählten und nicht enttäuscht wurden.

---

[19] 1975; dieser Titel ermöglichte den Ratingagenturen, dass sie für Kapitalmarktzwecke herangezogen werden konnten (Vgl. http://de.wikipedia.org/wiki/Nationally_Recognized_Statistical_Rating_Organization)

[20] Zitat aus http://www.wiwo.de/archiv/ratingagenturen-heimliche-herrscher-der-wall-street/5644414.html; Artikel galt als Grundalge für diesen Text

[21] Eigenkapitalvorschriften des Bankenausschusses

So bleibt also die Ansicht des Betrachters offen. Für beide Seiten gibt es Beispiele, welche die Macht oder Scheinmacht bestärken bzw. entkräften.[22]

Die Wichtigkeit der Ratingagenturen

Ratingagenturen haben eine sehr hohe Bedeutung in der Weltwirtschaft. Manche sagen sogar, sie sind das Zentrum der Weltwirtschaft. Die Folge der Liberalisierung und Globalisierung der Finanzmärkte war die Schaffung neuer komplexer Finanzprodukte. Der Anlagehorizont wuchs und die Nachfrage nach seriösen Informationen zu diesen Produkten genauso. Ratingagenturen sparen den Investoren aufwändige Recherchen und bieten neben Erfahrung in der Branche auch standardisierte Informationen. Gäbe es diese Informationen heutzutage nicht so schnell und (meistens) verlässlich, wäre das Finanzsystem, wie es heute fungiert, nicht möglich. [23]

4. Unabhängigkeit der Ratingagenturen

Es wird nicht nur die Macht der Ratingagenturen häufig kritisiert, sondern auch ob deren Ratings wirklich so neutral und unabhängig sind, wie sie immer beteuern. Ratingagenturen: Unabhängig, oder doch nur Marionetten der Emittenten? Was steht hinter den Ratingagenturen? Wie sieht es aus mit den Besitzverhältnissen der Ratingagenturen? Ein weiterer Punkt ist die Regulierung dieses Marktes. Was wird hierfür getan (USA vs. EU). In diesem Kapitel werde ich die Arbeit der Ratingagenturen kritisch beleuchten und mal etwas hinter die Kulissen schauen.

Treten bei einem Rating Interessenskonflikte auf?

Ratingagenturen beziehen hauptsächlich ihre Einnahmen von ihren Auftraggebern (hauptsächlich Schuldner, die ihre Bonität haben möchten, um sich für Investoren interessant zu machen). Da kann der Verdacht nahe liegen, dass hierbei Interessenskonflikte entstehen. Der Geldgeber ist gleichzeitig der Emittent, welcher kritisch begutachtet werden soll. Gefällt dem Schuldner das Rating nicht, „geht er beim nächsten Mal zu einer anderen Agentur, von welcher sich der Auftraggeber ein besseres Rating erhofft" (einfach formuliert). So würden der Ratingagentur diese Einnahmen wegbrechen und deswegen sehen hier Kritiker den entscheidenden Punkt, dass die Ratingagenturen lieber Mal ein Auge zudrücken (in der Vergangenheit schon oft zu gute Bonitäten, Bsp. Lehmon Brothers). Ein weiter Punkt ist, dass Ratin-

---

[22] Euro Chart S.17 (http://www.finanzen.net/devisen/euro-zloty/chart) I Vgl.
http://www.ftd.de/finanzen/maerkte/anleihen-devisen/:euro-krise-die-mythen-der-ratingagenturen/60138880.html

[23] Bavli, S.11, 31.03.12

gagenturen Emittenten auch bei der Strukturierung ihrer Finanzprodukte, zur Erzielung eines optimalen Ratings, beraten. Später werden dann diese Produkte von ihnen bewertet. Durch zum Beispiel mehr Wettbewerb könnte man diese Kritiken erlischen lassen bzw. reduzieren.

Regulierungsmaßnahmen des Ratingmarktes

Der Fall Enron brachte die internationalen Organisationen das erste Mal zusammen, um über die Ratingagenturen und ihr „Versagen" in diesem Fall zu reden, damit so etwas in der Zukunft nicht mehr passiert. Daher traf sich die *Chairmens Task Force on Credit Rating* Agencies der IOSCO, die sich aus Vertretern internationaler Wertpapieraufsichtsbehörden zusammensetzte und verabschiedete Ende 2004 die zukünftigen Verhaltensregeln der Ratingagenturen.[24] Dieser Verhaltenskodex beschäftigt sich hauptsächlich mit der Vermeidung von Interessenskonflikten und somit der Unabhängigkeit der Agenturen. Vier Ziele/Prinzipien sind die wesentlichen Aspekte:[25]

Dieser Verhaltenskodex ist freiwillig und somit nicht haftbar machend. Dennoch setzen sich viele Behörden für die Einbehaltung ein, indem sie eine bindende Regulierung vorbehalten. Die drei großen haben ihren eigenen Code of Conduct[26], welcher sich nicht viel von dem der IOSCO unterscheidet.
Einige Regulierungsbestimmungen haben die USA, genauso wie die EU auch festgelegt. Jedoch hat die EU, im Gegensatz zu den USA, einige schärfere Regulierungsmaßnahmen in letzter Zeit getroffen. Zum Beispiel können Unternehmen die Agenturen leichter auf Schadensersatz verklagen. Eine weitere Regulierung ist die genaue Festlegung und somit Einschränkung des Zeitpunktes eines Ratings (Stand 16.01. 13). [27]

Besitzverhältnisse der Ratingagenturen

Man wirft den Ratingagenturen immer wieder vor, dass sie ein undurchsichtiges Bewertungsverfahren haben und auch ihr Finanzierungsmodell steht oft in der Kritik. Hierzulande sind mögliche Interessenskonflikte wieder zu interpretieren. Eine Frage die sich daraus ergibt ist, wem die Ratingagenturen eigentlich gehören. In unserem sehr verstrickten Finanzsystem ist das nicht so leicht heraus zu finden. Trotzdem gibt es Ansätze, wie zum Beispiel von Werner Rügemer mit seinem Buch: „Rating-Agenturen- Einblicke in die Kapitalmacht der Gegenwart".

---

[24] Code of Conduct Fundamentals
[25] Siehe Tabelle im Anhang S. 17
[26] Fitch: http://www.fitchratings.com/web_content/credit_policy/code_of_conduct.pdf
S&P: http://www.standardandpoors.com/ratings/code-of-conduct/en/us
Moodys: http://www.moodys.com/Pages/reg001003.aspx

[27] Vgl. Engelmann, S. 8-9, 22.10.09 I Schulz, S.33-37, 01.10.09 I
http://www.welt.de/wirtschaft/article112818178/EU-verpasst-Ratingagenturen-einen-Maulkorb.html I
http://ec.europa.eu/internal_market/rating-agencies/index_de.htm

„Je tiefer Rügemer in die Eigentumsverhältnisse eindringt, desto weiter entfaltet sich eine Verflechtung von Hedgefonds, Banken und Unternehmen. Der Marktführer Standard & Poor's etwa gehört dem Medienhaus McGraw Hill, das in der Hauptsache wiederum Eigentum großer Investmentfonds wie Blackrock und Vanguard ist. Diese Fonds nennen wiederum zahlreiche Unternehmen ihr Eigen, die von den Rating-Agenturen standardmäßig bewertet werden. Noch dazu stehen hinter Moody's und Standard & Poor's vielfach dieselben Fonds als Anteilseigner, etwa der Investmentgigant Capital Group. Im Aufsichtsrat der Agenturen sitzen Unternehmen wie Coca-Cola oder der Pharmakonzern Eli Lilly, dazu Banken und Versicherungen wie Allianz, Morgan Stanley und Goldman Sachs."[28] Dieses Beispiel könnte man ebenfalls auf die Ratingagentur Moddys anwenden, mit dem größten Anteilseigner und gleichzeitigem Besitzer des Investment-Unternehmen *Berkshire Hathaway*. Es bleibt spekulativ, ob es die „Hinterbühnengeschäfte" tatsächlich gibt, bei denen Bonitätswächter ihren Anteilseignern gewinnträchtige Informationen über bevorstehende Umbewertungen zukommen lassen. Auszuschließen ist es jedoch nicht.

5. Fazit

Ratingagenturen sorgen mit der Bewertung der Bonitäten einiger Emittenten für eine enorme Entlastung und Erleichterung unseres Finanzsystems. Monitoringmaßnahmen bewaren dabei die Aktualität der Ratings. Die Agenturen sind der entscheidende Mittelsmann zwischen Investor und Schuldner. Investitionen haben an unserem Wirtschaftswachstum erheblichen Anteil. Ohne Ratingagenturen sind diese Investitionen ungewiss, oder die Prüfung langwierig, sodass man lieber die Finger davon lässt. Und schon würde unsere Weltwirtschaft von dem jetzigen Wachstum nur noch träumen. Somit sind wir auf Ratingagenturen oder zumindest eine adäquate Alternative angewiesen.

Ob die Ratings ganz so lupenrein und objektiv sind, wie die Agenturen immer beteuern lässt sich kaum glauben. Die Ratingagenturen beziehen ihre Einnahmen vom Emittent und bewerten diesen Schuldner gleichzeitig. Bis zu den 70ern finanzierten sich die Ratingagenturen noch durch Erlöse von Rating-Publikationen. Diese Abhängigkeit und somit für mich auch Befangenheit der Emittenten ist keinesfalls eine Ideallösung. Noch dazu kommt die fehlende Transparenz der Ratings. Man weiß nicht genau, wie Ratingagenturen zu ihrem genauen Urteil kommen und Begründungen hierfür sind auch Mangelware. Den Anfang machte die

---

[28] Zitat aus: http://www.faz.net/aktuell/feuilleton/buecher/rezensionen/sachbuch/werner-ruegemer-rating-agenturen-der-richter-und-sein-banker-12102756.html

EU mit einem Gesetz[29], was die Offenlegung der Kriterien für das Urteil verlangt. Eine richtige Erläuterung fehlt dennoch, sowie die globale Offenlegung.

Dass die Macht der Ratingagenturen sehr groß ist, konnte man der Facharbeit entnehmen. Vor allem zeigt sie sich bei den sogenannten Schicksalsfragen. An Hand von Ratingurteilen sind sie befähigt über den Misserfolg bzw. Erfolg ganzer Staaten zu entscheiden. Herabstufungen haben höhere Zinsen und Fremdkapitalkosten zur Folge. Dies kann der endgültige Nackenschlag eines bröckelnden Finanztitels, Unternehmen oder Staates sein. In Wirtschaftskreisen kann ein Rating sogar Kettenreaktionen auslösen.[30] Diese *Downgrades* fallen somit wieder auf den kleinen Mann zurück und das nur, weil eine Ratingagentur drei Buchstaben veröffentlicht hat. Meiner Meinung nach kann das nicht sein, vor allem in einem Sozialstaat, wie Deutschland nicht. Deswegen müssen zumindest strengere Regulierungsmaßnahmen in Kraft treten. Die EU macht zwar schon den Anfang[31], nur leider ist das nicht so von Erfolg gekrönt, wenn in den USA der Markt, bis auf einige Empfehlungen[32], die nicht bindend sind derart dereguliert ist. Die USA scheint leider nicht gewillt zu sein etwas zu ändern, denn ihre drei Ratingagenturen haben ja eine Oligopolstellung auf dem Markt und somit die Alleinherrschaft.

Wie sehr die Politik an dem enormen Einfluss der Ratingagenturen schuld ist, zeigt auch dieses Beispiel. Seit Jahren erhält die USA (trotz enormer Schulden und keiner Besserung in Sicht) hervorragende Ratings von den Drei Großen[33]. Die unabhängige Ratingagentur *Egan Jones* stufte die USA dagegen in den letzten drei Jahren, dreimal herab. Ich persönlich sehe das Verbot für die nächsten 18 Monate, ein Rating für die USA abzugeben, als Reaktion darauf.[34]

Die erläuterten Besitzverhältnisse der Ratingagenturen machen mir dabei genauso Angst, wie die Tatsache, dass ein intensiver Personaltausch zwischen Ratingagenturen und Banken einhergeht.[35]

Alles in allem muss der Ratingmarkt eindeutig reformiert werden. Sei es durch einen erhöhten Wettbewerb (Beispielsweise durch eine starke, unabhängige europäische[36] oder asiati-

---

[29] http://www.augsburger-allgemeine.de/politik/EU-verstaendigt-sich-auf-schaerfere-Regeln-fuer-Ratingagenturen-id22925216.html
[30] Bsp. Sturz des Versicherungsriesen AIG oder des Investment-Unternehmens Bear Stearns. Vgl. http://www.spiegel.de/wirtschaft/unternehmen/rating-entscheidungen-heute-gold-morgen-ramsch-a-691929.html
[31] Siehe „Regulierungsmaßnahmen auf dem Ratingmarkt" S. 11
[32] Regulierungspaket der Demokraten enthält nur einen unkonkreten Appell, die Aufsicht zu verstärken
[33] Triple A von Moodys und Fitch, AA+ von S&P: Zwei Wochen nach diesem Rating leitete das US-Justizministerium ein Verfahren gegen S& P ein.
[34] Mehr Informationen hierzu auf: http://deutsche-wirtschafts-nachrichten.de/2013/01/27/egan-jones-usa-strafen-unabhaengige-rating-agentur-ab/
[35] http://www.spiegel.de/wirtschaft/unternehmen/rating-entscheidungen-heute-gold-morgen-ramsch-a-691929.html : „Zum Beispiel heuerte Goldman Sachs 2005 den Fitch-Ratingexperten Shin Yukawa an. Der brachte sein Fachwissen prompt in jener Goldman-Abteilung zum Einsatz, die neue Kreditprodukte schmiedete und dafür sorgte, dass sie die besten Ratings bekamen."
[36] Hierzu gab es schon einige Pläne, jedoch wurden sie noch nicht in die Tat umgesetzt

sche Ratingagentur) oder einer deutlichen Regulierung und somit der Gewährleistung der für mich so wichtigen Unabhängigkeit. Vielleicht muss auch nach einer ganz neuen Alternative gesucht werden. Das Versagen der Ratingagenturen (folgenschwere Fehleinstufungen), der starke Einfluss, sowie die möglichen Interessenskonflikte haben gezeigt, dass dieses Modell normalerweise keine Zukunft haben kann. Doch die starke Stellung und aktuelle Bedeutsamkeit der Ratingagentur (haben keine Alternative, die so effizient Finanztitel bewertet), sowie der sehr bedingte Wille der Politik daran etwas zu ändern, wird uns sehr wahrscheinlich in die nächste Krise mit verheerenden Folgen für unser Land/Volk führen

6. Quellenverzeichnis

Augsburger Allgemeine Zeitung: http://www.augsburger-allgemeine.de/politik/EU-verstaendigt-sich-auf-schaerfere-Regeln-fuer-Ratingagenturen-id22925216.html , 28.11.12

Bavli, Chekdar: Die Macht der RatingAgenturen und ihre Rolle in der Finanzkrise 2008: Historische Entwicklungsfaktoren des Ratings und ein Überblick über die Regulierungsmaßnahmen, S.11, ISBN-10: 3842872666, 31.03.12

Blogggemeinschaft, Finanzen:
http://www.handelswissen.de/data/themen/Finanzierung/Bankbeziehungen/Rating/Rating verfahren-agenturen.php ,26.04.11

Bundesministerium der Finanzen:
http://www.bundesfinanzministerium.de/Content/DE/FAQ/2012-08-16-esm-faq.html , 26.09.12

Engelmann, Susann: Ratingagenturen-Ein Überblick, S.8/9, ISBN-10: 3640453301, 22.10.09

Europäische Kommission: http://ec.europa.eu/internal_market/rating-agencies/index_de.htm

Financial Times Deutschland: http://www.ftd.de/finanzen/maerkte/anleihen-devisen/:euro-krise-die-mythen-der-ratingagenturen/60138880.html , Joachim Dreykluft, 06.12.11

Focus Online: http://www.focus.de/finanzen/news/staatsverschuldung/tid-26665/drohende-herabstufung-von-deutschland-und-dem-efsf-europa-muss-endlich-die-macht-der-grossen-drei-brechen_aid_787344.html , Danuta Szarek, 25.07.12

Frankfurter Allgemeine Zeitung:
http://www.faz.net/aktuell/feuilleton/buecher/rezensionen/sachbuch/werner-ruegemer-rating-agenturen-der-richter-und-sein-banker-12102756.html ,Werner Rügemer, 04.04.13

Gabler Wirtschaftslexikon: 12. Auflage, Wiesbaden 1988
http://wirtschaftslexikon.gabler.de/Definition/credit-rating.html ,14.03.13

Handelsblatt GmbH: http://www.handelsblatt.com/economy-business-und-finance-euro-rettungschirm-esm-muss-anlegern-erstmals-rendite-bieten/7738486.html , dpa, 05.02.13

Hickel, Rudolf: Zerschlagt die Banken, S.112, ISBN-10: 3430201411 17.02.12

IFH Köln, Handelswissen:
http://www.handelswissen.de/data/themen/Finanzierung/Bankbeziehungen/Rating/Rating verfahren-agenturen.php ,31.12.10

Michel, Niklas: Diplomarbeit; Die Rolle der Ratingagenturen bei der Strukturierung von Asset-Backed Securities und Collateralised Debt Obligations S.8/9, 14.01.10

Moodys Corporation: http://www.moodys.com/Pages/atc.aspx ,01.01.13

N-TV.de , Friederike Marx und Jörn Bender, dpa: http://www.n-tv.de/wirtschaft/Die-Macht-der-Ratingagenturen-article3996036.html ,07.08.11

Rheinische Post Verlagsgesellschaft mbH : http://www.rp-online.de/wirtschaft/was-sind-ratingagenturen-1.2205066 , 01.03.13

Rosenbaum, Jens: Der Politische Einfluss Von Rating-Agenturen S. 11, ISBN-10: 3531164910, 05.01.12

Schulz, Victor: Die Internationale Finanzmarktkrise Und Die Ratingagenturen, S.33-37, ISBN-10: 3836681900, 1.10.09

Spiegel Online: http://www.spiegel.de/wirtschaft/unternehmen/rating-entscheidungen-heute-gold-morgen-ramsch-a-691929.html , Marc Pitzke, 29.04.10

Stöckl, Eva: Die Rolle Der Rating-Agenturen Auf Den internationalen Finanzmärkten S. 9, ISBN-10: 363868024X, 26.07.07

Welt.de: http://www.welt.de/wirtschaft/article112818178/EU-verpasst-Ratingagenturen-einen-Maulkorb.html , Florian Eder, 16.01.13

Wendt Solutions: http://wirtschaftslexikon.gabler.de/Definition/credit-rating.html , 01.07.04

Westdeutsche Zeitung: http://www.wz-newsline.de/home/wirtschaft/finanzmaerkte/das-rating-und-seine-folgen-1.839318 , Hannes Breustedt und Peter De Thier ,06.12.11

Wikipedia: http://de.wikipedia.org/wiki/Ratingagentur, 11.03.13
http://de.wikipedia.org/wiki/Moody%E2%80%99s#cite_note-7, 05.03.13
http://de.wikipedia.org/wiki/Nationally_Recognized_Statistical_Rating_Organization, 10.03.13

Wirtschaftswoche Online: http://www.wiwo.de/archiv/ratingagenturen-heimliche-herrscher-der-wall-street/5644414.html , Anne Christine Kunz, 11.05.10

Zeit Online: http://www.zeit.de/2012/11/Ratingagenturen , Heike Buchter/Arne Storn , 13.03.12

7. Anhang

Ratingcodes von S&P, Moodys und Fitch Ratings

	S&P		Moodys		Fitch Ratings		Beschreibung
	short term	long term	short term	long term	short term	long term	
Investment Grade	A-1+	AAA	P 1	Aaa	F1*	AAA	Beste Qualität, geringes Ausfallrisiko
		AA*		Aa1		AA*	Sichere Anlage, Ausfallrisiko eher gering
		AA		Aa2		AA	
		AA*		Aa3		AA*	
	A-1	A*		A1	F1	A*	Gute Qualität, anfälliger für negative Wirtschaftsentwicklungen
		A		A2		A	
		A*		A3	F2	A*	
	A-2	BBB*	P2	Baa1		BBB+	Solide Anlage, gegen Wirtschafts- abschwünge aber sehr anfällig
		BBB		Baa2	F3	BBB+	
	A-3	BBB*	P3	Baa3		BBB-	
Speculative Grade	B	BB*	Not Prime	Ba1	B	BB+	Spekulative Anlage
		BB		Ba2		BB	
		BB*		Ba3		BB-	
		B*		B1		B+	Sehr spekulative Anlage, nicht typisch hierein zu investieren
		B		B2		B	
		B*		B3		B-	
	C	CCC		Caa	C	CCC	Niedrige Qualität, mit Zahlungsverzug ist realistisch zu rechnen
		CC		Ca		CC	
		C		C		C	
		D				D	Default
					RD		Residential Default
	NR						Not Rated

Eigene Darstellung, in Anlehnung an http://tagesschau.de/wirtschaft/rating102.html und http://de.wikipedia.org/wiki/Ratingagentur

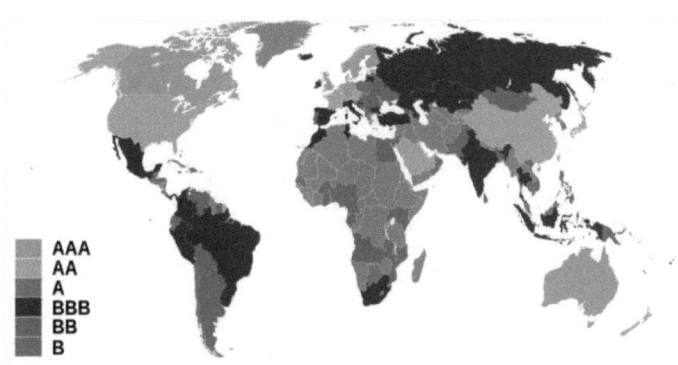

AAA
AA
A
BBB
BB
B

Weltkarte der S & P Ratings von Staatsanleihen; Stand: April 2012

http://upload..wikimedia.org/wikipedia/commons/archive/a/a1/20130224000729!World_countries_Standard_%26_Poor%27s_ratings.svg Stand: 27.04.12

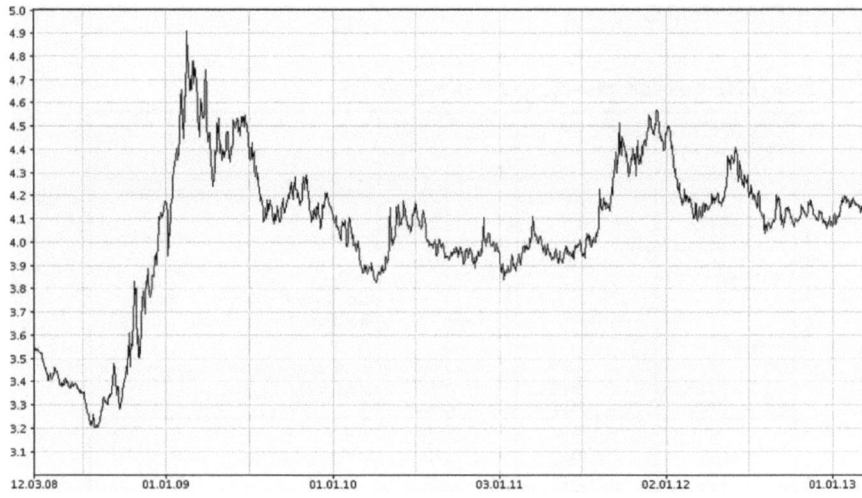

€ Kurs in den letzten 5 Jahren

http://www.finanzen.net/devisen/euro-zloty/chart , Stand: 12.03.13

Ziele	Erklärung
Qualität und Integrität des Ratingprozesses	Es gibt hierfür bestimmte Vorgaben und Erwartungen, um diese Kriterien zu erfüllen
Unabhängigkeit und Vermeidung von Interessenskonflikten	Analytische Unabhängigkeit, sowie die Vermeidung von finanziellen Beziehung der R.A. und dem Emittenten
Transparenz und zeitnahe Ratingveröffentlichung	Transparenz und Aktualität des Ratingprozesses müssen gewährleistet sein, sowie die Emittenten den Ratingagenturen ihre Informationen zur Verfügung stellen müssen
Verantwortung gegenüber dem Emittenten	Die Informationen des Emittenten werden vertraulich behandelt und dienen ausschließlich zur Ratingerstellung

Quelle: Eigene Darstellung, in Anlehnung an Engelmann, S. 8